gatto
kat

coniglio

konijn

cane

hond

pulcino

kuiken

anatra
eend

pecora

schaap

capra
geit

maiale

varken

asino

ezel

cavallo

paard

mucca

koe

topo

muis

pipistrello

vleermuis

ape

bij

ragno

spin

volpe

vos

cervo

hert

scoiattolo

eekhoorn

riccio

egel

gufo

uil

rana

kikker

serpente
slang

procione

wasbeer

pappagallo

papegaai

tucano

toekan

alligatore

alligator

tartaruga marina

zeeschildpad

fenicottero

flamingo

pinguino

pinguïn

granchio

krab

medusa

kwal

foca

zeehond

squalo

haai

balena

walvis

orca

orka

stella marina
zeester

rinoceronte

neushoorn

panda

panda

scimmia

aap

leone

leeuw

tigre

tijger

elefante

olifant